방구석 숨은 그림 찾기

우주탐험편

우주를 향해.

우주 탐사에는 다양한 이점이 있다.
지구의 한정된 장소와 재화의 한계를 극복할 수 있게 해 주고
이를 위한 기술의 발달로 통신, 가전 등 과학기술 분야에서
우리의 삶을 편안하게 만들어 주는가 하면
우주 산업이라는 새로운 경제 활동의 터전을 제공해 주기도 한다.

오, 그런 목적을 지니고 이번 탐사에 지원하셨나요?
이야, 정말이지 존경스럽ㄴ...

아니, 사실 재밌을 거 같아서 지원했지.
예로부터 우주는 인류에게 두근거리는 장소였다고!

우주 정거장

지금 보이는 우주 정거장은, '우주' 정거장이기는 하지만
사실은 상공 400km, 그러니까 이론상 대기권 안에 존재하고 있다네.
말인즉 우주 정거장은 중력의 영향 아래 있다는 것인데
무중력처럼 느껴지는 것은, 사실 우주 정거장이 지구를 돌면서 만드는
원심력과 지구 중력이 서로 상쇄되어 그럴 뿐이라는 말이지.

그렇다면 같은 높이까지 닿는 건물을 세운다면
건물 옥상에서는 중력이 작용하는 걸 느낄 수 있다는 말이군요?

그럴 돈이면 우주 정거장을 하나 더 쏘아 올리겠지.

말이 그렇다는 거잖아요...

Jump Jump!

달의 중력가속도는 $1.63m/s^2$이며
달 궤도에서 우주선에 발신한 전파를 추적하는 과정에서 밝혀졌다고 한다.
이는 지구 중력가속도의 약 1/6수준으로서 달에서 어떤 물건의 무게를
잰다면 지구에서의 약 16.5%만 나가게 된다는 것을 의미한다.

그렇다면 지금 힘껏 뛰어오른 높이는
지구에서의 6배 정도가 되겠군.

으악! 뭐 하세요, 지금! 놀러 온 게 아니라구요!

이봐, 말리지만 말고 뛰어봐.
지식은 문자가 아니라 체험이라고!

탐사목록

월면 기지*

월면 기지란, 달 표면에 건설될 반영구적-영구적 유인 기지를 말한다.
달이 인류의 생존 혹은 테라포밍에 유리한 환경을 지니고 있지는 않으나
지구와 가장 가깝다는 점, 일견 척박해 보이는 땅이지만 활용할 수 있는
풍부한 자원이 존재한다는 점, 그리고 지구의 1/6의 중력으로 우주선 발사에
드는 연료가 절약될 수 있다는 점 등 개척에 있어 여러 이점을 지닌다.

어라? 뭐랄까... 미래형으로 말하지 않았나요, 방금?

... 기분 탓이겠지, 저기 입구로 들어가는 게 보이는군.
어서 따라가세.

✱ 2022년 6월 현재, 월면 기지는 건설되어 있지 않다.

달토끼

지구에서는 달의 뒷모습을 관측할 수 없네.
말인즉 어디서 보든지 각도나 방향 등이 다를 뿐
같은 앞모습을 보게 된다는 말이지.
하지만 이 차이가 달을 보는 시각에 재미있는 점을 더했는데,
우리가 달을 보고 떡방아를 찧는 토끼를 생각할 때
어떤 곳에서는 몸을 움츠린 두꺼비를, 어떤 곳에서는 당나귀를,
또 어떤 곳에서는 집게발을 치켜든 게의 모습을,
또 다른 곳에서는 여인의 모습을 연상하곤 했다는 점일세.

저기… 기지장님이 퍽 곤란해하시는데 인사를 받아주심이…

하지만 한가지. 사실을 말해주자면, 달에는… 토끼가 없네.

아뇨, 바로 앞에서 악수를 청하고 있잖아요…

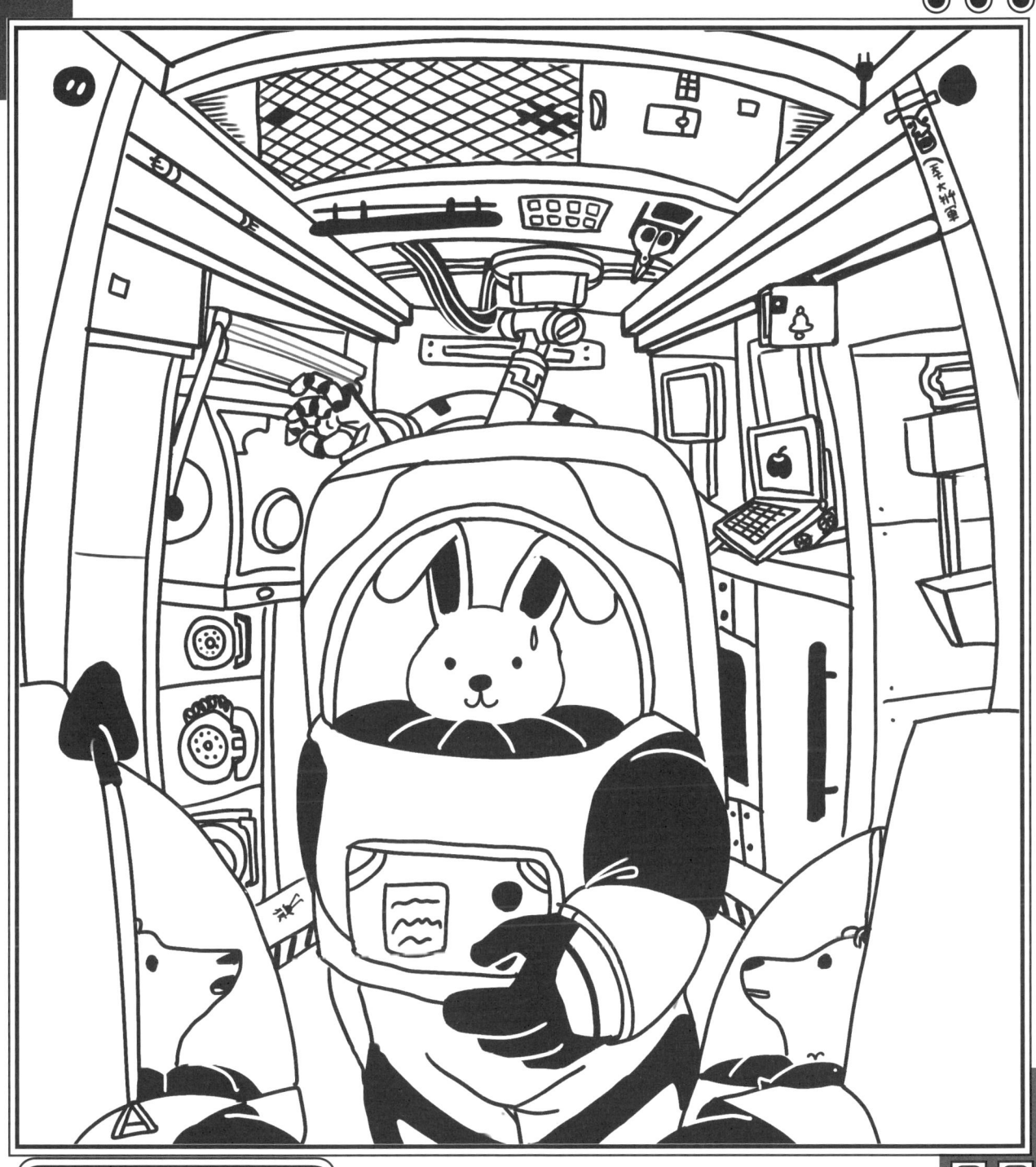

우주 식량

우주 식량에 있어서, 중요하다고 할 요소는 무엇일까요?

음... 우선 보존성이겠지. 장기간의 임무 동안 섭취해도 탈이 없도록 말이야.
무게는 곧 연료비랑 직결되니 중량도 중요하다고 할 수가 있겠군.
그리고 무릇 음식이라 함은 맛이 있어야 하는 법이지.
이 정도를 생각해 볼 수 있겠네만... 갑자기 그건 왜 묻나?

아, 기지장님이 갈 때 챙겨 가라며 우주식 떡볶이를 주셨거든요.
시제품이라고 평가를 좀 부탁한다더군요.

... 그 양반 직접 떡도 뽑나?

공장제라던데요...?

금성 탐사

테라포밍이라고 하면 흔히들 화성을 생각하곤 하지, 그런데 그거 아나?
화성뿐 아니라 '금성'도 테라포밍에 관한 이야기가 나오곤 한다네.
'샛별'은, 1960년대 초만 해도 아열대 기후를 가진 지상낙원으로 상상되었어.
베네라 탐사선을 통해 흑체 복사 온도를 계산했을 때 표면 온도가 27°C 정도
였으니 그럴 만도. 그러나 '계명성'의 두터운 대기는 폭발적인 온실 효과를 내고
있었고, 현실은 지표 부근 기온 459°C에 평균 풍속 360m/s, 게다가 황산비가
내리는 생지옥이 '개밥바라기'의 실체였다는 말이지.

… '금성'이 다양한 명칭이 있는 건 알겠지만, 통일해 주시면 안 될까요?

에잉 쯧, 이야기에는 관심 없이 트집거리에만 집중했구만…
됐고, 이만 올라가세. 이 이상은 탐사유닛이 버티지
못할 것 같으니.

수성 가이드

어우, 깜빡 잠들어 버렸네...어?! 다,달인가요? 언제 돌아온 거죠, 우리?

오늘도 베어우주항공을 이용해 주시는 고객님 감.사.합.니.다.
왼쪽에 보이는 행성이 '수!금지화목토천해'에서 '수!' 바로 수성이구요.
태양에서 제일 가까운 행성으로 그 거리는 태양 지름의 약 41배
라고 합니다. 태양계에서 크기가 가장 작기도 한 이 행성은 총 질량은
지구의 5%정도이지만 밀도는 98%로 거의 같고, 또...

아직 잠이 덜 깼나... 어째선지 박사님이 이상한 차림을...

이상한 차림이라니, 위트 없는 친구 같으니! 슬슬 지치는데
관광 온 기분이면 힘이 날 것 같아 가이드로 분해봤네.

... 얼른 세수부터 해 주세요.

태양을 지나서

태양은 태양계의 중심에 존재하는 항성으로 태양계의 유일한 별이다.
표면의 온도는 약 5800K라고 하며, 켈빈이라는 단위를 사용한다.
흔히 사용하는 단위로 이해를 돕자면, 이는 약 5500°C에 해당하며
중심에 위치한 태양의 핵에 이르러서는 온도가
무려 약 1,570만°C까지 올라간다고 한다.

... 라고는 하지만 이제껏 내 안에서 그건 단순한 정보일 뿐이었네.
태양 표면은 고사하고 고작 이 정도 가까워졌을 뿐이지만...
이 더위는, 마치 이제는 진짜로 안다고 자부해도 된다고 말해주는 듯싶군.

이번에도 백문이 불여일견이라는 거네요.

아니, 지금은 모르는 게 약이었겠다 싶네.

welcome to Mars

화성은 태양계의 네 번째 행성으로
산화철로 인해 붉은빛이 감도는 사막 지형을 지녔다.
물의 존재가 확인되고, 테라포밍의 가능성이 점쳐지는 등 우주 개발에
있어 그 비중이 높기에 지구를 제외한 태양계의 모든 행성 중에서
표면 탐사가 가장 많이 이루어진 행성이기도 하다.

... 라는 이유로 보낸 무수한 MER(화성탐사로버) 중 하나로 보이는군.
통신이 오래전에 끊긴 개체로 알고 있었는데
기특하게도 아직 작동하고 있었구만!

저런 기능은 누가 넣어둔 걸까요...?

뭐 어떤가, 환영 받는 느낌이고 좋지 않나.

석양을 바라보며.

푸른 석양이라... 뭐랄까 신기하기도 하면서 섬뜩한 느낌도 드네요.

섬뜩할 게 뭐 있나. 화성의 석양이 푸른 건, 단지 대기층이 얇기 때문이야.
장파장이 산란되지 않으니, 단파장에서 나타나는 푸른색만이 남아서 그렇지.
그나저나 자네, 땅에는 관심이 좀 있나?

땅이요? 갑자기 웬 땅 얘기를...

태양계 최대의 화산과 크레이터가 여기 있지 않나, 올림퍼스 화산이랑
보레알리스 크레이터 말일세. 관광자원으로 개발되기
전에 지분을 좀 사두는 것에 대해 어떻게 생각하나?

박사님은 정말... 무드가 없네요.

지구형 행성의 끝

구성 성분이 암석, 금속과 같이 밀도가 높은 물질로 이루어진 행성은
'지구형 행성'으로 분류하며, 암석형 행성이라고 부르기도 한다.
태양계 안에서는 수성, 금성, 지구, 화성이 이에 해당한다.

화성에서의 볼일은 여기까지로군. 태양계의 마지막 지구형 행성이니
출발하기 전까지 눈에 잘 새겨두게나.

네. 그런데… 그건 대체?

아, 우리 아레스 말인가? 걱정하지 말게. 산책도 꾸준히
시키고 똥오줌도 치우겠네.

아뇨, 개가 아니니까요… 당장 제자리에
돌려놓고 오세요.

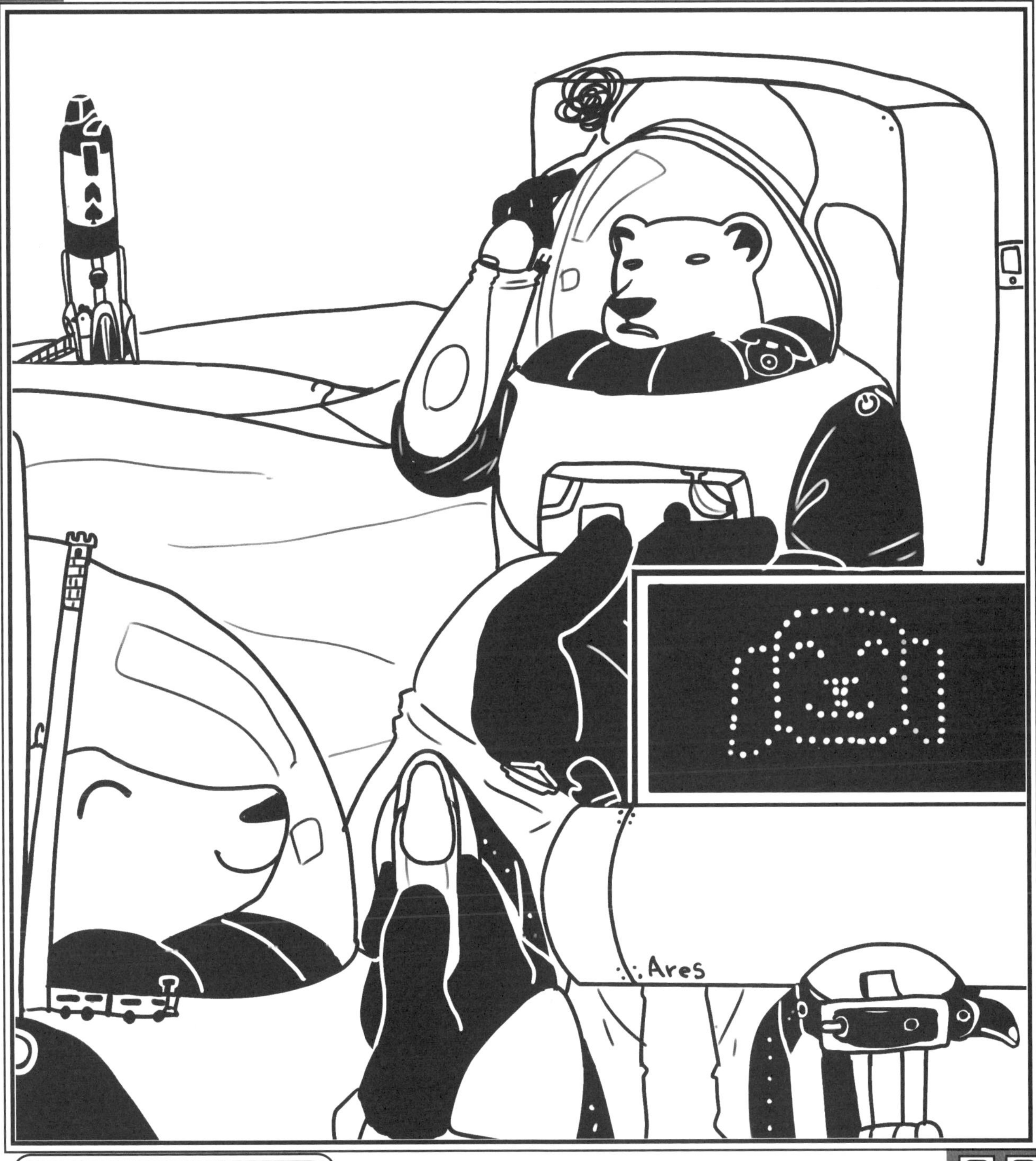

브리핑

다음 행선지로 이동하기에 앞서 간단하게 정리하고 넘어가겠습니다.
이제부터 마주할 목성,토성,천왕성,해왕성은 모두 질량의 대부분이
유체인 목성형 행성입니다. 목성,토성과 같이 주요 구성 성분이 수소, 헬륨
같은 가스일 경우에 영미권에서는 거대 가스 행성(Gas giant Planet)
이라고 부르기도 합니다. 그리고 천왕성,해왕성 같이 목성과 토성에 비해
질량이 가볍고 주요 구성 성분이 물, 메테인, 암모니아와 같은 좀 더
무거운 분자량을 지닌 물질일 경우에는, 이와 구분하여
거대 얼음 행성(Ice giant Planet)이라고 부르기도 합니다...만
듣고 계신가요?

아레스... 흑흑.

사진은 또 언제 찍은 거야...

목성맛 아이스크림?

목성은 태양계의 다섯 번째 행성이며 태양계에서 가장 부피가 크고 무거운 천체이다. 지구와 비교하자면 반지름은 약 11.2배, 부피는 1,300배가 넘으며, 질량은 318배 정도이다. 내부엔 압력으로 인해 액체화된 가스질 맨틀과 거대한 금속-암석질 핵을 갖고 있으며, 이에 기인한 강력한 중력과 자기장을 갖고 있다.

아래에 놓인 이것이 설명한 목성일세.

구구통...아이스? 아니, 확실히 닮긴 닮았는데...

줄무늬는 초코 아이스와 마시멜로, 캐러멜과 땅콩으로...

배고픈데 그냥 먹죠, 얼른.

공통점

목성형 행성은 고리를 지니며, 이는 목성 역시 마찬가지이다.
오랜 기간 목성은 고리가 없다고 알려져 있었으나 1979년 보이저 1호가
목성에 근접하여 촬영하면서 고리의 존재가 확인되었다. 구성 성분의 대부분을
먼지가 차지하고 있으며 그것조차 워낙 얇고 희미하기 때문에, 지상에서의
관측은 어려우며 현재도 목성의 고리는 허블 우주 망원경을 동원하지 않으면
관측하기가 굉장히 힘들다고 한다.

이로 인해 얻을 수 있는 교훈이 있다면 무엇이라고 생각하나?

네? 교훈이요? 갑자기요?

그건 바로, 거대한 것은 고리를 가진다는 점일세.

세간에선 그걸 뱃살이라고 부르죠.

Good Jupiter? Bad Jupiter?

어느 행성이든 카이퍼 벨트에서 흘러온 천체들과 충돌하곤 하지만, 지구로 접근하는 혜성과 소행성들의 수는 비교적 적은데, 이는 목성이 거대한 인력으로 태양계 내부를 향하는 혜성이나 소행성들을 끌어당기기 때문이다. 이렇게 생명체가 번성하는 데 도움을 주는 거대 행성을 선량한 목성이라고 부른다. 이와 반대되는 거대 행성은 사악한 목성이라고 불리는데, 이들은 대개 모성과 가깝게 공전하여 작은 행성들을 파괴하거나 심우주로 쫓아낸다.

다행인 것은 우리 태양계의 목성과 토성은 선량한 목성에 속하며 사악한 목성은 존재하지 않는다는 점이지.

... 제가 아침에 창문 닦은 거 아시죠? 저거 박사님이 지우실 거죠? 그죠?

무엇을 말하는 걸까나~?...아팟!

토성

토성은 태양계의 여섯 번째 행성이며, 태양계에서 두 번째로 큰 크기를 가지고 있다. 지구를 기준으로 부피는 약 764배이며, 무게는 95배에 이른다. 편평도가 커서 납작한 모양을 하고 있는데, 이는 10시간 33분 38초 정도로 매우 빠른 토성의 자전 속도 때문이다.

음! 토성 하면 역시 저 고리지! 가까이 들어가서 보려는데 어떤가?

뭐, 좋죠...? 근데 잠깐. 가까이는 알겠는데 들어가서 본다는 건 무슨...

걱정 말게, 소싯적에 F1 같은 데도 나가 보고 다 했으니.

레이싱 카랑 우주선이랑 어디 같냐구요!
으악! 당장 조종간 놓아요!!

베스트 드라이...버?

토성을 대표하는 것이라면 당연히 크고 아름다운 고리일 것이다. 토성의 고리는 보이는 것처럼 매끈한 판이 아니며 그 구성 성분은 얼음덩어리나 돌덩이들이 토성의 중력에 붙잡혀 모여들어 제각각 토성 주위를 공전하는 것으로 추정된다. 이 고리는 토성의 공전 궤도면과 일치하지 않고, 두께가 수십에서 수백 미터 정도로 매우 얇아서 토성이 궤도의 어디쯤 있느냐에 따라 보이는 정도가 달라진다.

... 라는 걸 꼭 이렇게 확인해야 했냐구요! 몇 번 부딪힐 뻔했는지 알아요?!!

아하하, 백문이 불여일견이라고 계속 말했잖나. 그리고 이렇게 잘 헤쳐 나왔으면 된 거 아닌ㄱ... (콰직!)

...어?!

수리

1981년 처음으로 발사된 이래 총 134차례 발사에 성공했고 지금은 퇴역한 미항공우주국(NASA)의 우주 왕복선을 발사하는 데는 회당 17억 8,700만 달러의 막대한 자금이 들었다. 우주 왕복선을 지구 저궤도까지 쏘아 올리는 것을 기준으로 계산하면 회당 발사체 무게 1kg당 발사 비용은 약 6만 5,400 달러였다. 시간이 지나 기술의 발전이 이루어진 현재, 미 CSIS 소속 ASP의 보고서에 따르면 팔콘9의 회당 발사 비용은 9,500만 달러로, 1kg당 발사 비용이 1,500 달러 수준으로 떨어진 것으로 나타났다.

와! 가격도 많이 내려갔으니 이렇게 한 번 박살 내는 것쯤은 이젠 별문제도 아니겠어요! 발사 비용도 9,500만 달러밖에 안 한대요!

… 밖에라고 할 금액은 아니지 않나?

알고 한 말이죠.

불신

천왕성은 태양계의 일곱 번째 행성으로 핵은 얼음이며, 지표는 액체 메탄, 대기는 수소와 헬륨으로 이루어져 있고, 평균 기온은 -218℃이다. 푸른 색상은 메탄이 산란 효과를 일으키며 태양빛 중 붉은색을 흡수한 데서 기인한다. 겉보기 등급은 5.8로, 육안으로 확인할 수 최소 등급인 6에 근접한다. 그에 따라 오래전부터 희미하게 볼 수 있었으나, 망원경의 발명 이후에야 태양을 공전하는 행성임을 확인했다.

또한 태양계에서 토성 다음으로 크고 복잡한 고리를 가졌는데,

… 고리?

아니, 그냥 설명일세. 그런 눈으로 보지 말게.

안 갈 거죠? 그죠?

서커스 베어

천왕성은 태양계의 행성들 중 유일하게 옆으로 누워서 자전한다. 지구의 자전축은 공전축에 대해 약 23.5° 기울어져 있는데, 천왕성은 약 97.77°나 기울어져 있다. 대부분의 행성들은 공전축과 자전축이 이루는 각이 크지 않아 팽이가 돌아가듯 자전하나, 천왕성은 자전축이 공전면에 거의 붙어 있어 공이 굴러가듯이 자전한다.

모습이 잘 상상이 안 간다면 이렇...게! 공이 구르는 걸 보면...

인공중력장치를... 저런 쓸데없는 걸 하겠다고 끈 건가...

보게! 마치 서커스 같지 않나?

예~ 다시 켭니다~ 자세 잡으세요.

구분점

해왕성은 태양계의 여덟 번째 행성이자 마지막 행성이다.
천왕성과 닮은 점이 많은데 우선 크기를 보면 반지름이 천왕성보다 지구 지름의 1/5만큼 작아 거의 비슷한 크기이며, 대기에 포함된 메탄에 의해 푸른색으로 보이는 점 등이 그러하다.
차이점으로는 메탄 함량의 차이로 인해 해왕성은 더 푸른색을 띠며 크기는 천왕성보다 작지만 질량이 커 중력이 더 강하다는 점, 또한 누워 있는 천왕성의 자전축과는 달리 해왕성은 공전 궤도면을 기준하여 28.32º 기울어져 있다는 점 등이 있다.

설명하자면 내가 천왕성이고, 자네가 해왕성이라는 거지.

… 천왕성은 과자 같은 거 안 먹거든요?

아하하. 당연한 말을 하는구만, 자네.

호랑이는 가죽을 남기고 곰은 명언을 남긴다

해왕성은 맨눈으로는 볼 수 없는 행성이다. 해왕성의 발견에 대한 현재까지의 정설은, 1846년 프랑스의 수학자 위르뱅 르베리에의 공식을 바탕으로 독일 천문학자인 요한 고트프리트 갈레와 하인리히 다레스트에 의해 발견되었다는 것이다. 이는 해왕성이, 우연히 발견된 천왕성과는 달리 정밀한 과학적 계산을 통해 발견된 행성임을 의미한다.

지식은 또 하나의 눈이며, 이는 당신이 같은 곳을 더욱 넓고 깊게 볼 수 있게 해 준다.

갑자기 그게 무슨...어?!

어떤가? 언젠가 교과서에 실릴 법하지 않나?

아니... 누구세요?

행성의 끝 너머

카이퍼 벨트는 해왕성 바깥쪽에서 태양계 주위를 도는 작은 천체들의 집합체이다. 태양으로부터 거리는 대략 30AU~50AU(천문단위)까지로 보고 있다. 단주기 혜성의 주요 근원지로 알려져 있으며, 왜행성 중 명왕성과 하우메아, 마케마케가 여기에 속해 있다.

수금지화목토천해명에서 명! 명왕성 말일세.

요새는 수금지화목토천해라고 하죠.

요새는 그래도 나 때는 명까지 합쳐서...!

라떼? 라떼는 맛있죠~

12345678-9,10

명왕성은 태양계의 왜행성 중 하나이며 최초로 발견된 카이퍼 벨트 천체이다. 발견 이래 2006년 행성의 기준이 수정되기 전까지 태양계의 아홉 번째 행성으로 인식되었으나, 위성인 카론의 발견으로 크기와 질량이 매우 빈약하다는 것이 밝혀진다. 그뿐만 아니라 명왕성 크기의 1.3배로 추정되는 에리스를 발견하면서, '명왕성도 행성인데 이보다 큰 에리스도 행성으로 취급해야 하는 것이 아닌가?' 라는 논란 끝에 명왕성은 행성의 지위를 잃고 왜행성으로 재분류된다.

뭐랄까... 하트를 꼭 껴안은 것처럼 보이네요. 행성의 자리에서 쫓겨나서 쿠션을 안고 펑펑 우는 것 같이 보이지 않아요? 가엾게도...

가여울 게 뭐 있나. 지위를 뺐네 마네 해도, 명왕성은 그 자리에 똑같이 있어 왔는데. 인간의 오만함이란...

... 우린 곰인데요?

창백한 푸른 점

창백한 푸른 점이란, 1990년 명왕성 궤도 근처에서 보이저 1호가 찍은
지구의 사진이자, 사진의 촬영을 제안했던 칼 세이건의 동명의 저서이다.

아마 이쯤에서 찍었겠죠? 61억km나 멀리 있으니 당연하겠지만
지구가 먼지보다 작게 보이는 게 참 묘하네요.

그렇지? 그 순간엔 받아들이기 힘든 누군가의 실수도 멀리 서서 보면
아무것도 아닌 거야. 넓고 겸손한 마음이 우리에겐 필요하다고 생각하네.

네. 뭐, 그렇...죠?

자, 그럼 우주선 파손 보고에 올라간 내 이름을...

꿈 깨세요.

뒤를 맡기고.

산란 분포대는 카이퍼 벨트 바깥에 있는 지역으로 카이퍼 벨트보다 궤도의 이심률과 경사각이 더 크고 분포한 천체들의 수가 많지 않아 마치 산란하여 분포해 있는 것처럼 보여서 붙여진 이름이다.

우리는 여기까지네요. 이후의 여행은 이 친구가 계속해 주겠죠.
산란 분포대도 넘어서 계속 우주 멀리까지 나아가겠죠?

퍽 아쉬운 투로군. 더 멀리까지 나가 보고 싶다고 생각하나?

딱히요. 사실 몇 달 전부터 치킨이 너무 당겨와서…

아하하하, 듣고 보니 나도 급격하게 먹고 싶어지는군!
자네 때문이니 돌아가면 자네가 사게.

돌아가는 길

천문단위(AU)는 태양과 지구 간의 평균 거리로, 약 1억 5천만km이다. 태양계 내 천체의 거리를 나타내는 단위로 쓰이며, Astronomical Unit의 약자인 AU로 표기한다.

여기서 문제! 우리가 위치한 명왕성으로부터 태양까지의 평균 거리는 약 39AU라네. 그렇다면 우리가 지구에 도착하기까지는 얼마가 남았을까?

지구에서 태양까지 거리가 1AU니 39에서 1을 빼서 38AU겠네요.

아하하, 자넨 바보로군. 지금 우리는 명왕성의 근일점에 위치해 있기 때문에 29AU 거리에 있다네, 정답은 28AU지.

... 문제부터가 사기였잖아요!

마지막 임무

1978년 도널드 케슬러 박사가 주장한 케슬러 신드롬은, 우주 쓰레기와 인공위성의 충돌로 우주 쓰레기가 양산되길 반복하면 끝내 우주 진출이 어려워지며, 이 때문에 우주 개발에 난항을 겪게 될 것이라는 우주 재난 상황을 일컫는다.

그러니까, 우리가 마지막으로 해야 할 일은...

거치적거리는 것들을 모조리 치워 버리면 된다는 거죠.

자네... 뭐랄까 묘하게 신나 보이는군?

박사님도 만만찮게 목소리가 들떠 있거든요?

솔직히 게임 같아서 재밌잖나...

집이 최고야.

지구는 태양계의 세 번째 행성이다. 태양계의 지구형 행성 중 가장 크고 무거운 천체이며, 액체 상태의 물과 대기층 등 생명체가 존재하기에 적합한 환경을 갖추어 지금까지 확인된 생명체가 존재하는 유일한 행성이다.

말마따나 살맛 나는 행성이네요. 정말, 집이 최고라는 말이죠.

아, 설명이 빠졌군. 지구에 있는 걸 하나 말하지 않았어.

어떤 걸요?

맛있는 치킨이 있는 행성이 또 지구 아니겠나. 기대 중이라네.

... 사겠다고는 안 했는데요?

숨은 그림 찾기 정답

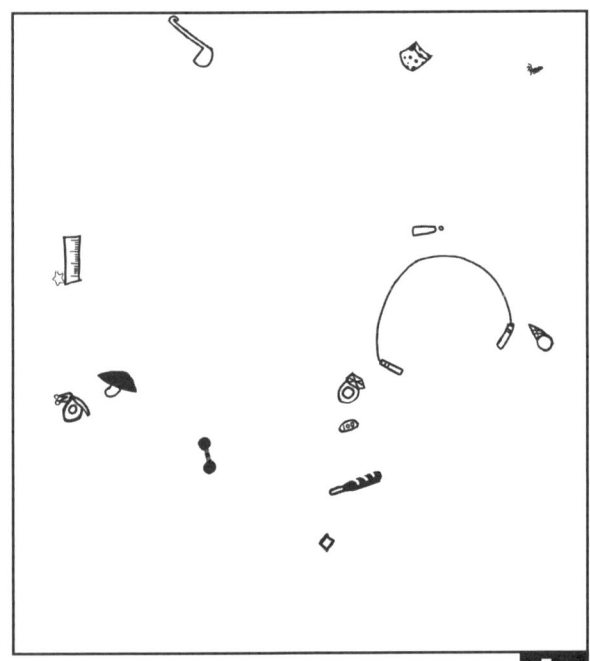

5p

7p

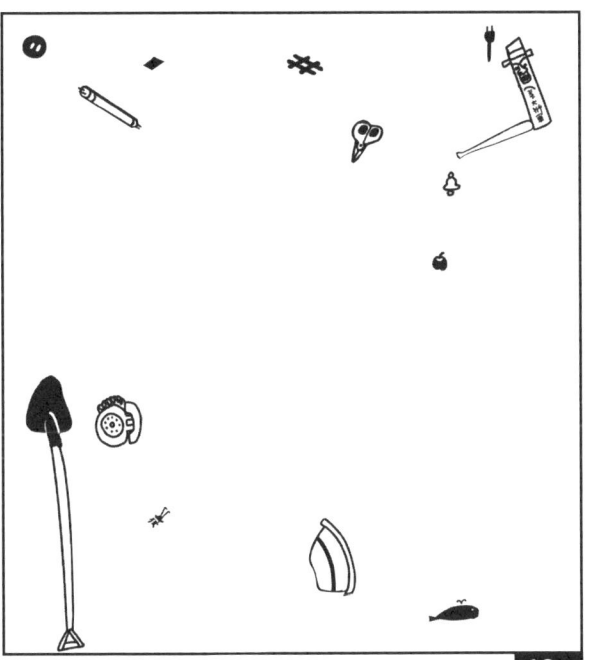
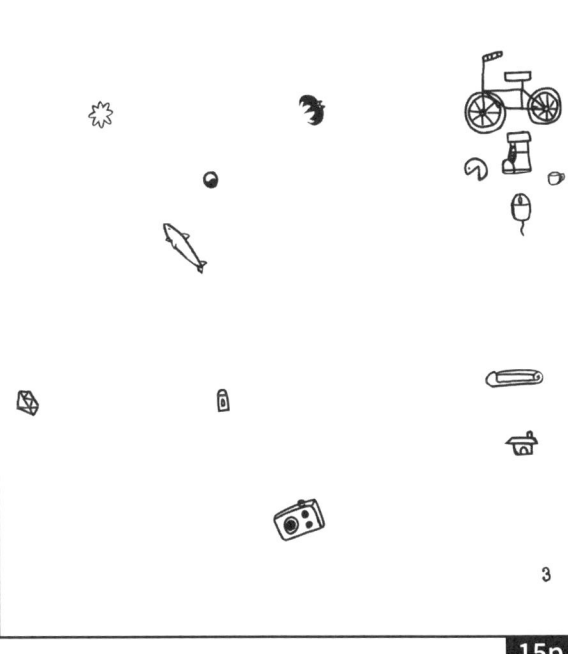

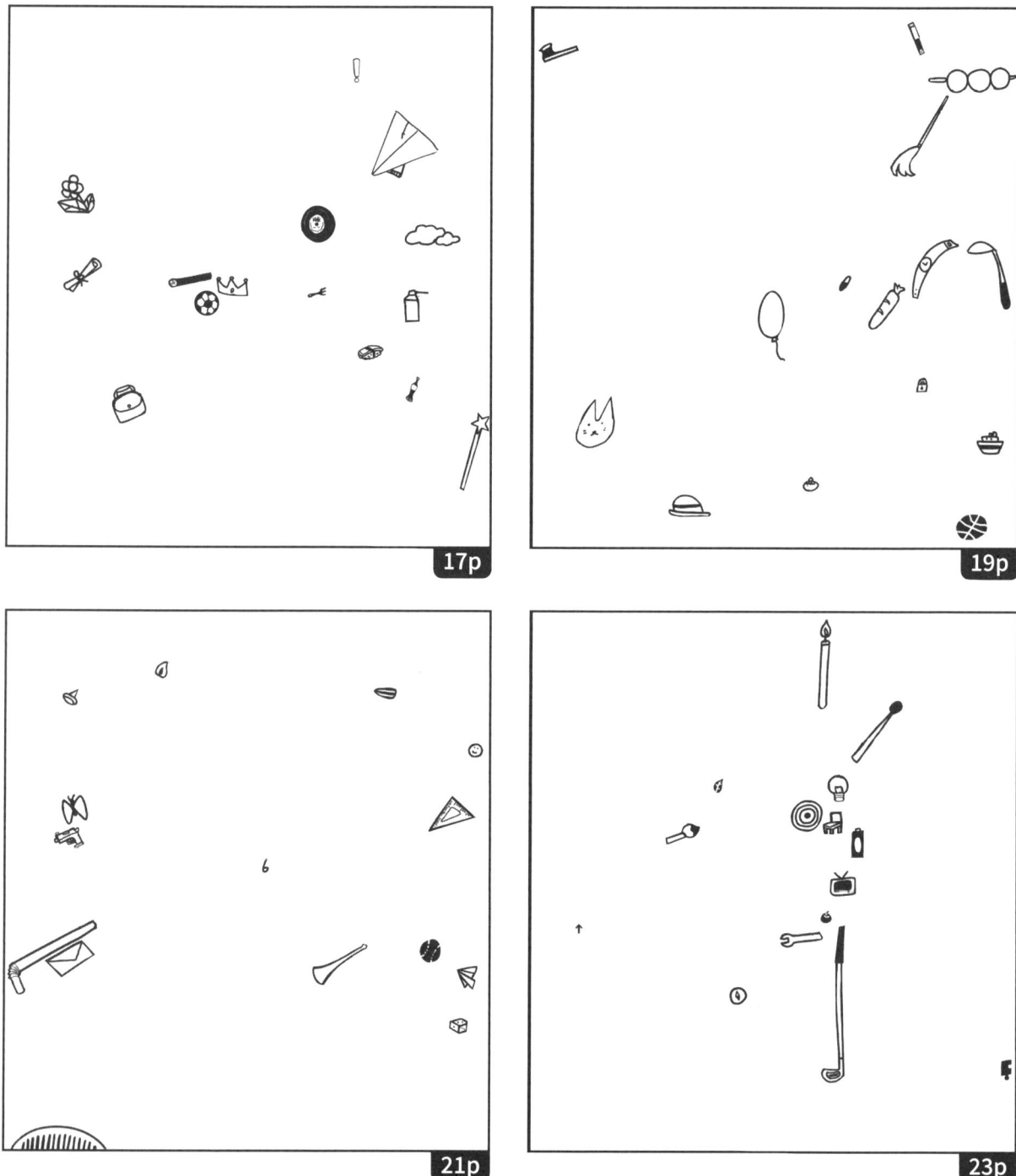

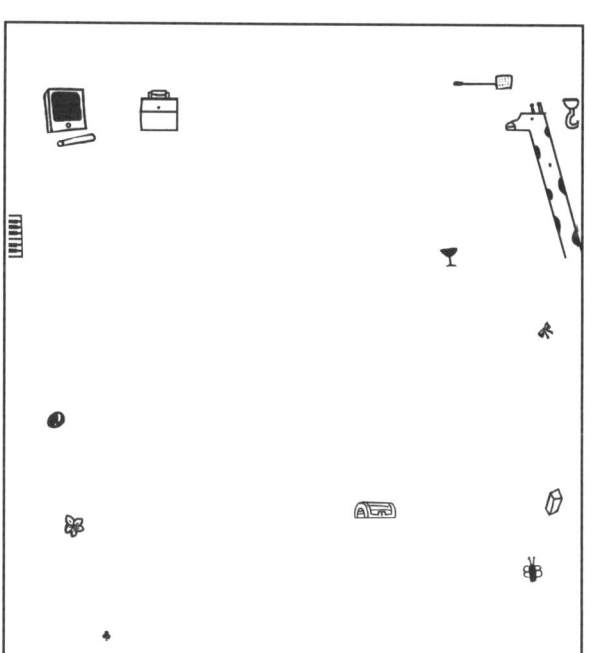
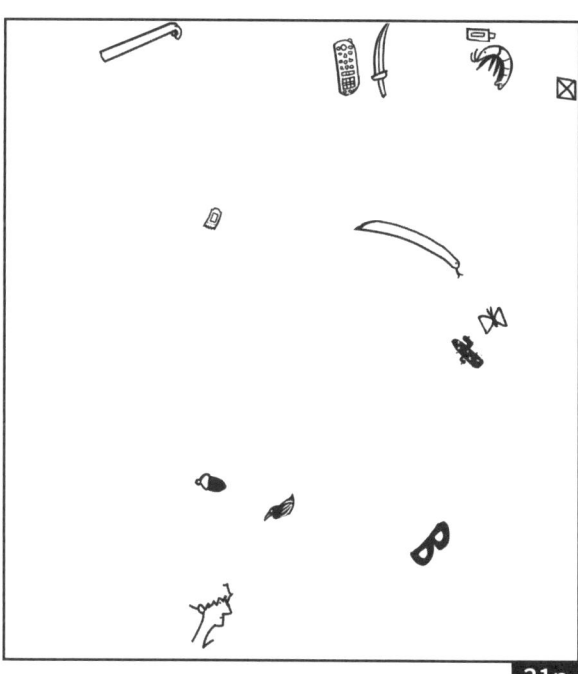

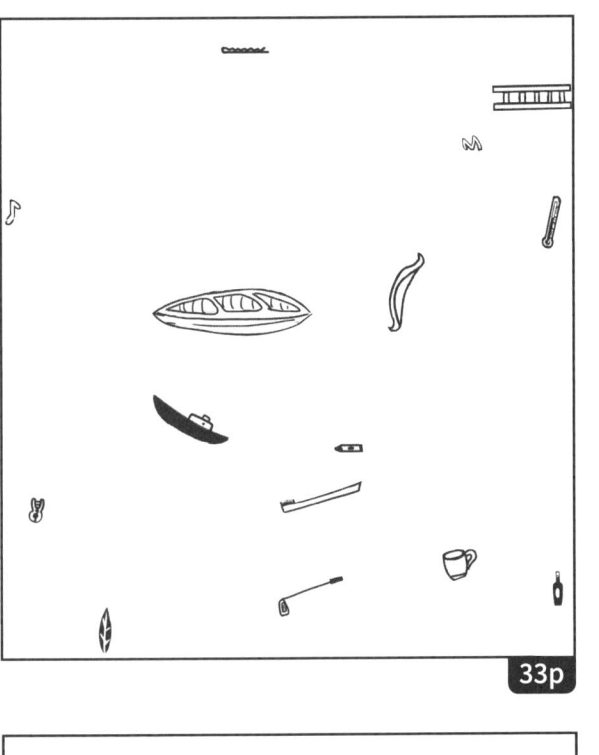
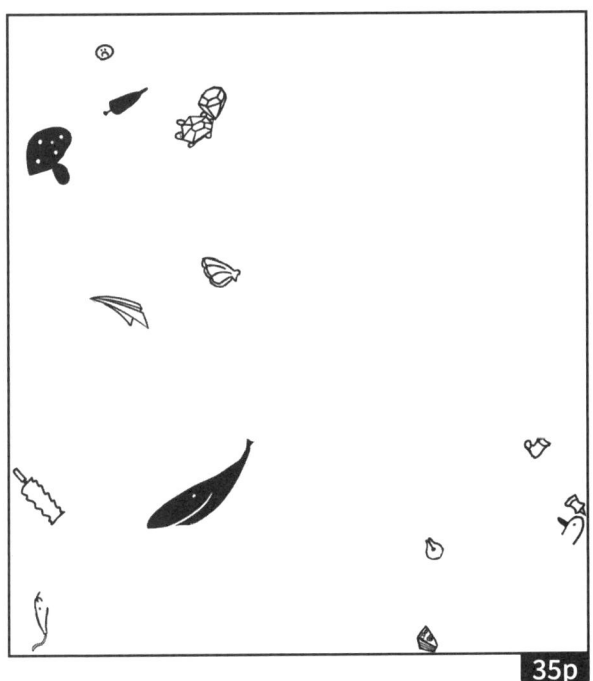
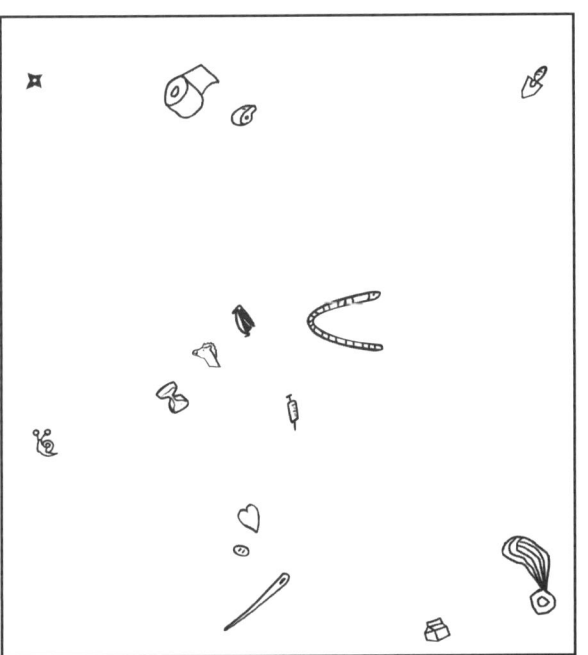

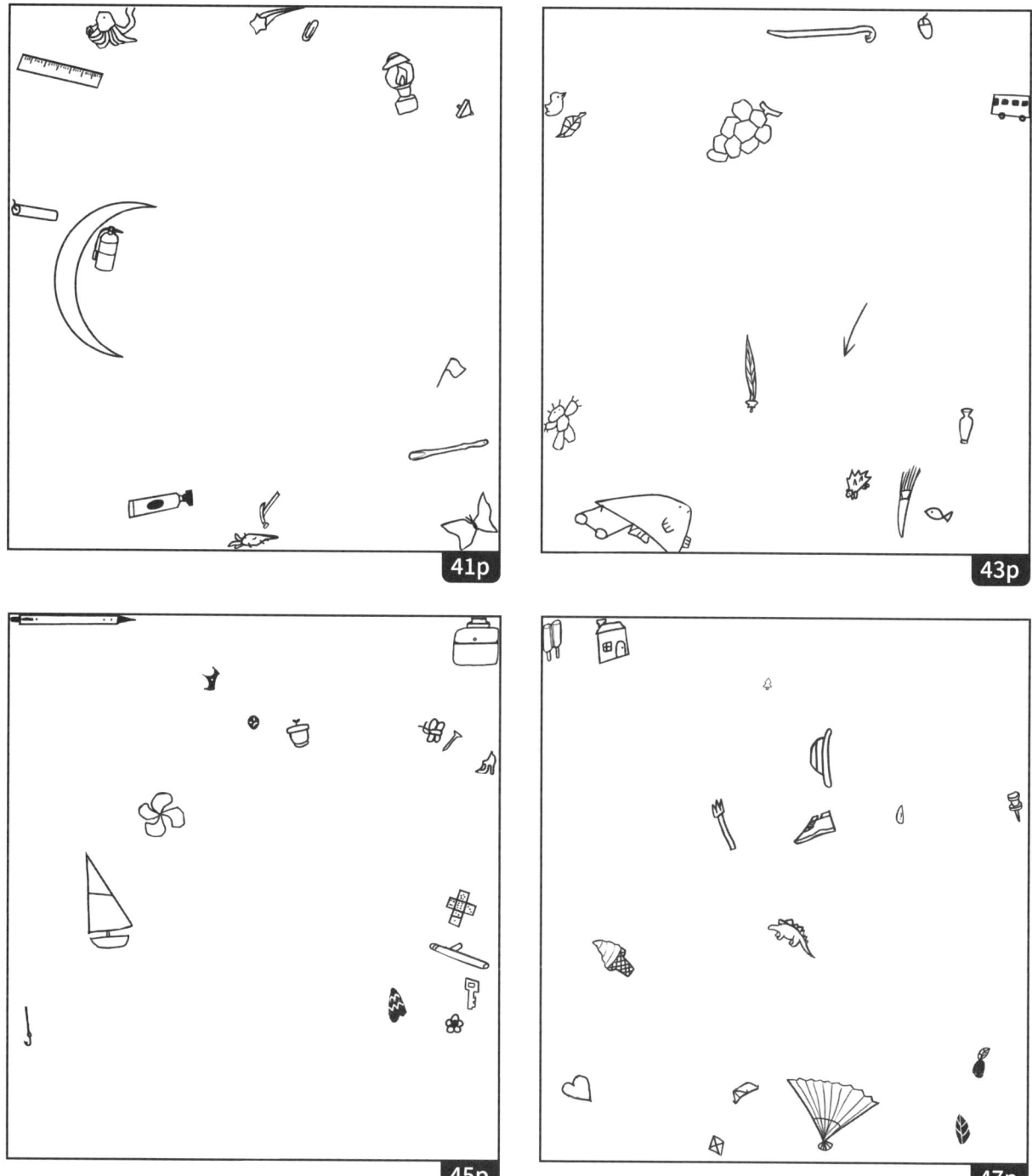

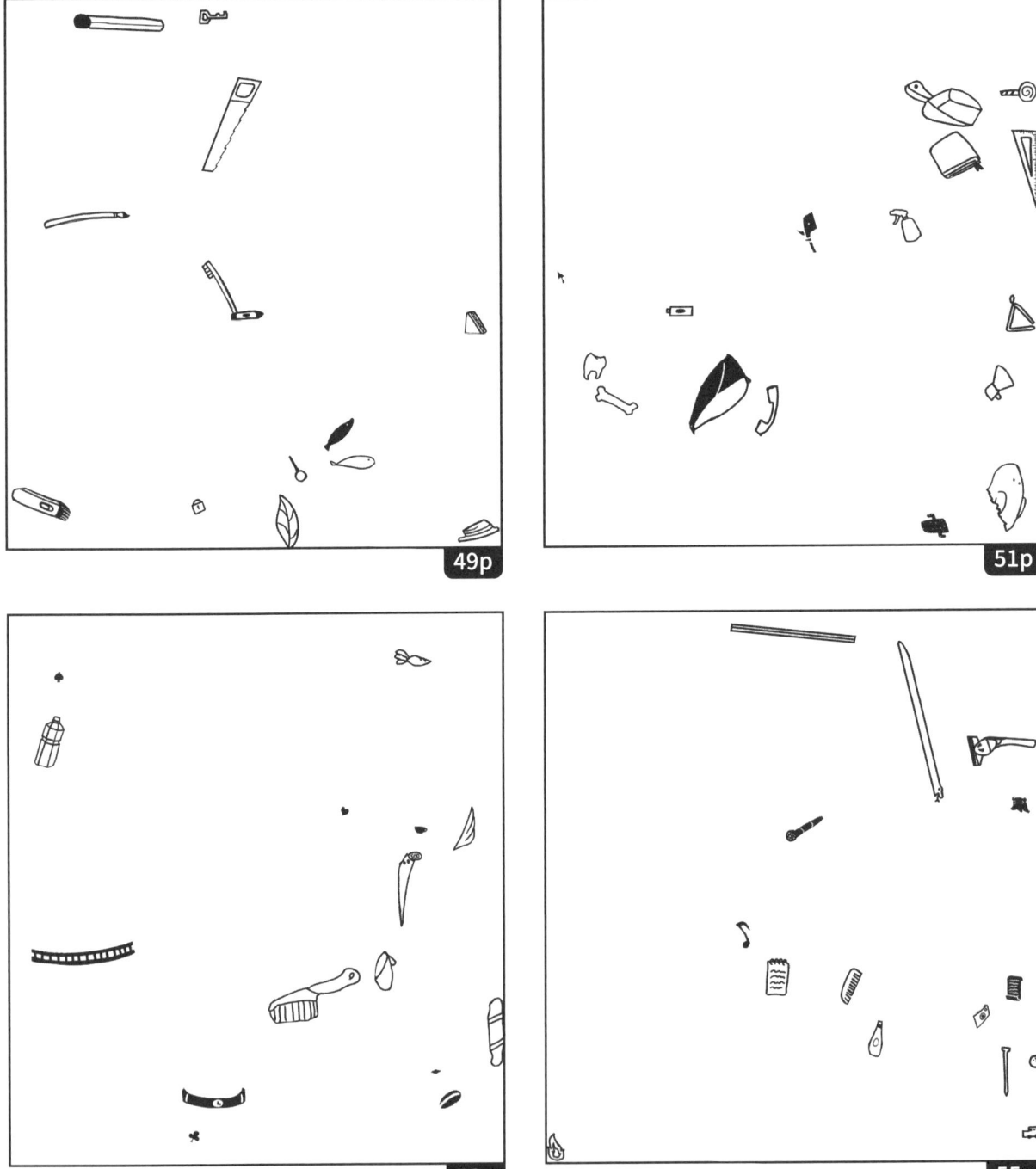

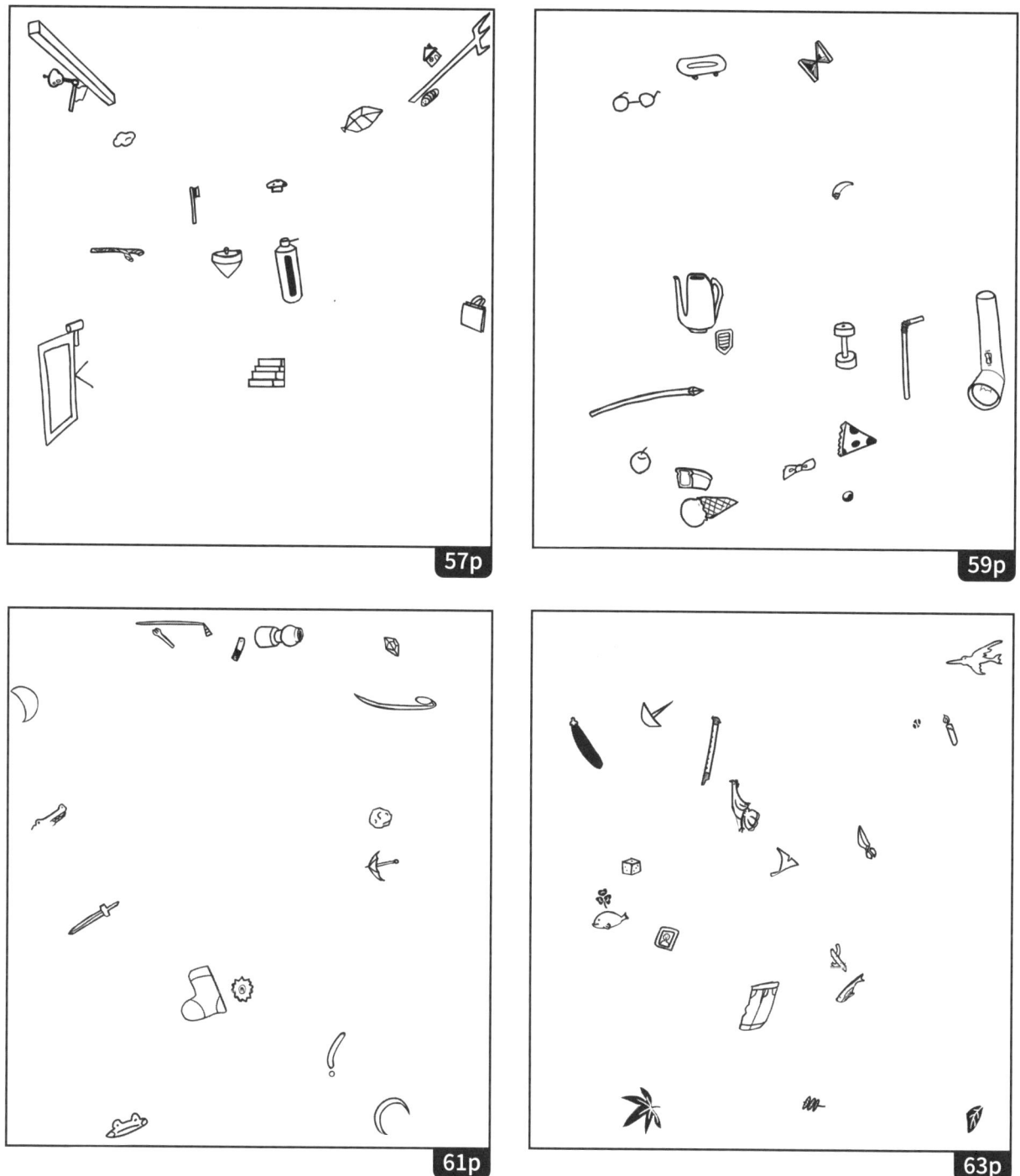

온 가족이 똑똑해지는
방구석 숨은 그림 찾기 1
이요안나 지음 | 83쪽 | 값 12,500원

귀엽고 깜찍발랄한 그림을 보며 숨은 그림과 미로 찾기를 동시에 즐길 수 있는 책. 온 가족이 함께 풀며 집중력과 관찰력을 키우고 두뇌를 쌩쌩하게 만들어 보자.

이야기가 함께하는
방구석 숨은 그림 찾기 2
한 백 지음 | 96쪽 | 값 9,900원

동물 친구들의 이야기를 읽으며 숨은 그림과 미로 찾기를 동시에 즐길 수 있는 책. 이야기를 읽으며 이 책을 즐기다 보면 어느새 함께 모험을 겪은 듯 상상의 세계로 빠져들 것이다.